カンタン服でいくわ

銀さんの春夏秋冬

銀粉蝶
Guin-Poon-Chaw

双葉社

Contents

カンタン服でいくわ 006
俳優ということ 012
Private snap 020

1章／春 023
春の偏愛アイテム 026
春の着こなし 030
Column 1／肌のお手入れはシンプルに。 042
Column 2／とっておきのクリーム。 044

2章／夏 047
夏の偏愛アイテム 050
夏の着こなし 056
Column 3／メイクデビューは1年前？ 068

illustration / Guin-Poon-Chaw

Columun 4／自宅でクリーニング。 070

3章／秋 073

秋の偏愛アイテム 076

秋の着こなし 082

Columun 5／とにかくよく歩くこと。 094

4章／冬 097

冬の偏愛アイテム 100

冬の着こなし 106

Columun 6／趣味はサッカー。 118

娘と私 120

おわりに 126

カンタン服

暑い夏に吹きぬける風のような
カンタンカンタンと乾いた薄い木片が
窓辺でたてる涼しい音
不思議な名前の服だなあ

Guin Poon Chaw

カンタン服でいくわ

らくちんな発想で楽しく装う

カンタン服という言葉が好きです。レトロな響きに懐かしさがこみあげる。この言葉との出合いは子どもの頃、私のためにつくってくれた夏服を母がそう呼んでいたのでした。

カンタン服の誕生は、大正時代の終わり（ほんとにレトロ！）。和服に比べて動きやすい洋装が注目され、安価で簡単なデザインの洋服が広まった。それが〝カンタン服〟でした。

私にとっては母の思い出のつまったカンタン服。いつからかそれは、ただのファッション用語ではなく、私が服を着る時の基本的な考え方になりました。シンプルにいえば、カンタンに着ようよ、ということです。

今年のトレンドとか流行色とか、そんなことを私は気にしたことがない。洋服は好きだけど、おしゃれしようなんて思ったことがないのです。だから、20年前の服でも「自分ヴィンテージ」としていまでも平気に着ています。着こなしのＴＰＯとかコーデとかにとらわれない、らくちんな発想で服を着る楽しみが私のカンタン服なのです。

ふりむけば服があった

Preteen-age

私の生まれた栃木では既製服が手に入りにくく、母と洋裁の先生だった叔母が私の服をつくってくれました。デザインのお手本になったのはファッション誌の草分け「装苑」。

母のつくってくれたカンタン服

すべてはここからはじまった。

はじめての舞台衣装

学芸会で芥川龍之介の『杜子春《とししゅん》』を上演したときの私の衣装。ピンクのサテン生地のチャイナ服で、叔母の手作りでした。

装うことの楽しさを教えてくれたセーター

母の編んでくれたグリーンのクルーネックセーター。胸にはブーケの刺繍。これを着ると、服にパワーをもらっているような気がしました。

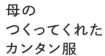

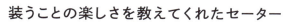

少女趣味のつまったマニッシュ

栃木ののんびりした田舎で育った私は、青山にある短大進学のため上京。１９７０年代の初めのことです。当時のキャンパスは、たとえばアンサンブルニットにタイトスカートといった、いまでいうモテ系のファッションばかりで、とまどいの毎日でした。着るもので〈女の色気〉をアピールするのは、私の性に合わなかったからです。

女性に生まれてよかったと思う私ですが、〈女らしさ〉を押し売りするのも、他人から強要されるのも好きではない。人とのつきあい方からお蕎麦の食べ方まで、あらゆる場面でそう思うのです。そんな反骨精神（？）が、私のスタイルの根っこにあるのかもしれません。

もちろん装うことは性的なものと無縁ではありません。好きな服装はフェミニンかマニッシュかと聞かれれば、私の答えはこうです。少女趣味のつまったマニッシュが好き。とはいえ、私の少女趣味とはファンシーなレースや愛らしいリボンではなく、少女時代に大好きだったもの、夢見るように憧れたもののことです。どこか郷愁を誘う、たとえば母の思い出のカンタン服のようなかわいいものたちと、マニッシュで乱暴なものへの好みが私のなかで同居している。そこに、映画女優のコートスタイル、「コム デ ギャルソン」のジャケットやパンツ、メンズライクな革靴、大きなバッグなどなどが積み重なっていまのスタイルになったのです。

女性なら誰でも、あんな格好もしたい、こんな服も着てみたいと思う時はあるでしょう。でもラッキーなことに、私は女優という仕事柄それを舞台の上で叶えられる。ジャズバーの歌姫も、ベテラン看護師も、料理屋の女将だって、いろんな役を生きられる。だから自分のスタイルがぶれることなく、いまがあるのかしら？　なんて最近は考えたりもします。

Late teen-age

仕事で上京する父にくっついて、青山、原宿、銀座にある話題のお店を見て回るのが、高校時代の楽しみでした。

はじめて東京で買った服

「VAN」の赤いVネックセーター。「VAN Jacket inc.」はアイビールックで一世を風靡しました。

ブティックのはしり

マコビスで買った黒いコール天のパンタロン。

「コム デ ギャルソン」との衝撃的な出会い！

東京おしゃれパトロールの最中に立ち寄った銀座の鈴屋。その一角の「REI KAWAKUBO」というコーナーをのぞいた瞬間、「わ!」と心を撃ち抜かれました。私の理想の服が目の前に並んでいました。高校生には高い買い物でしたが、両親を拝み倒しGET! そうです、それが後の「コム デ ギャルソン」だったのです。

映画女優が私の先生だった。

『シェルブールの雨傘』のカトリーヌ・ドヌーヴ。他に思い出すのも、なぜかフランス女優ばかり。『柔らかい肌』のフランソワーズ・ドルレアック（ドヌーヴの姉）は一味違うフレンチシック。『女は女である』のアンナ・カリーナはステンカラーコートをザッと羽織った姿に痺れました。『冒険者たち』のジョアンナ・シムカスは私のマニッシュのお手本。その他いろいろ。

俳優ということ

就職活動とオーディション

私が学生の頃はまだ学生運動の名残があり、将来についてどうしたらいいのか分からない時代でした。東京の短大へ通わせてもらったという親への思いもあり、教員免許を取得したものの教師になるつもりはなく、学校に届く就職情報をなんとなく見ていました。ある日、カナダから大型の木工機械を輸入しリースする会社の案内が目に留まり、就職試験を受けることに。栃木の実家は材木関係の仕事をしていたので、そう遠くない業界に長女として未来を見ていたのでしょう。面接も無事に終わり、採用していただくことになりました。

その同時期に、両親には内緒で、「アンダーグラウンド・シアター自由劇場」の研究生オーディションも受けていました。少女時代から映画や演劇が好きで、在学中も演劇の真似事を友人とやっていたこともあり、憧れの世界を覗いてみたいという好奇心があったのです。しかし何百人も参加者がいる人気のオーディションです。受験生は演劇の勉強を積み重ねてきたような人ばかりで、「受かるわけないや」と思いながらも、1次試験、2次試験をパスし、最終選考の20人まで残ることができましたが、ここまで残ったのは何かの間違いだ、選ばれるなんて絶対にないと思っていました。なぜなら、そのなかから選ばれるのは僅か5〜6人だけなのですから。

入社1日目で退職

短大を卒業し、私は社会人1年生の初日を迎えていました。入社式で新入社員代表として挨拶をし、所属部署の上司に社内を案内してもらっていました。昼休みになると浜松町にある会社を抜け出し六本木へ。実は入社式の日は、「自由劇場」のオーディション合格発表の日でもあったのです。受かるわけないと思いつつ、気になる合否を確認しに行くとなんと合格！ 驚きました。本当に嬉しかった。いままで感じたことのない喜びでした。それから私が何をしたか？ すぐに電話ボックスに駆け込み、会社へ辞めると伝えたのです。（なんてひどい新入社員！）

両親には事後報告というかたちで会社へは行かないこと、劇団の研究生になったことを話しました。あとで聞くと、父は私に黙って劇団に電話し「お宅はどういうことをしているのか。娘に何をさせるつもりなのか」と問い合わせていたそうです。劇団にしてみればそんなことを聞かれても困ると思うのですが、いまとなっては父の気持ちも分かります。父は娘にベタベタするようなタイプではなく、昔ながらの日本の父親タイプ。私のことでそんな電話をしていたと知った時は、胸に迫るものがありました。

アンダーグラウンド劇場

鈴木忠志さんの「早稲田小劇場」、唐十郎《からじゅうろう》さんの「状況劇場」と並ぶアンダーグラウンド3大劇団のひとつ——佐藤信さんや斎藤憐さんたちの「自由劇場」の研究生として高輪にある稽古場に通う生活がはじまりました。

稽古とバイトに明け暮れながらも、時間をつくって芝居もたくさん観に行きました。そうして好きな作品やおもしろい役者たちを発見するなかで、演劇に対する自分なりの考えもできてきました。すると、研究所でやっていることがまどろっこしく感じるようになって……。当時、無鉄砲で性急な若者だった私は、劇団の研究生に飽き足りず、入所から半年で「自由劇場」を辞めてしまいました。その後、試行錯誤の何年かを経て、1980年代の初めに夫の生田萬《よろず》と劇団「ブリキの自発団」を結成したのです。

劇団の旗揚げ

「ブリキの自発団」の活動を開始して、私ははじめて「演劇っておもしろい！」と思うようになりました。「こういうことがやりたい」とまわりに発信して人を集め、舞台をつくりあげていく。私や夫がやることに賛同して集まってくれた人たちと無我夢中で走っていました。おかげさまで公演ごとに観客数もどんどん増えていきましたが、劇団の運営は本当に大変！　小さな劇団といえどもそれなりの人数がいて、そこには本当にいろんな人がいるんです。漢字が読めないなんて序の口で、稽古に来るのが嫌で押し入れに隠れていたり、こんな人がいた、あんな人も――と並べたら1冊の本ができるくらい。はじめは腹が立ったり頭を抱えたり、でも、そのうちに自分と他人《ひと》との違いを遊ぶ楽しさに気づいて……。演劇に対する意欲も経験もバラバラな人たちが寄り集まり、台本だけを手がかりに何もないところから形をつくりあげる。至難の業《わざ》ですけど、なしとげたあとの悦びは格別でした。

演劇学校へ行って何年間か勉強して舞台に立つよりも、実際の公演を1～2本やった方がスキルがどしんと身につきます。実際の舞台にはそれくらいの力があるのです。芝居は教えられるものではないと思っています。私も若い頃は誰かに教わることなく、その時活躍されていたいわゆる「アングラ女優」の李麗仙《りれいせん》さん、緑魔子《みどりまこ》さん、白石加代子さんに憧れて、芝居を一生懸命真似したものです（憧れの先輩より年が少しだけ下だから、「最後のアングラ女優」なんて呼ばれるのかもしれません）。

これからの演劇人生

でも舞台って本当に大変！　ひとつの作品にかける労力とお金を考えると全然割に合わないし。それでも舞台がいいなと思うのは、独特な空間があるからです。劇場があって、舞台があって、客席がある。そこにお客さんが入って、時間がきたら開演する。この劇場のなかを経過する時間は、日常にはない特別なものだと思うんです。演劇にしてもダンスにしても、舞台は時間を体験する芸術だと思います。そこで起きる物事を、観る側も演じる側も一緒に目撃する……、そう、〝何か〟を目撃するのです。それはビデオに撮って後で見てもなかなか見つけられない〝何か〟なのです。

コロナ禍での活動自粛のあいだ、私たち演劇人はめちゃめちゃ不安でした。だからこそ、いまいろんな活動に奮闘しています。オンラインで作品を配信している人たちもいます。私も観たりするのですが、ただ、やっぱり演劇というのはローテクで他のやり方に変身ができないと思います。生で、人の目の前で、大汗をかいてジタバタする、その時間を一緒に過ごすというのは、劇場以外考えられません。あの時間の共有の仕方というのは、舞台以外他にないと思うのです。ダンスも然り。ダンスには言葉がないから映像でもそれなりに楽しめますが、やはり生のダンスの迫力と比べることはできません。

だから正直恐怖心を抱きます。演劇やダンスなどの舞台が、どんどん、どんどん、ないことにされてしまうことに。この先、社会が窮屈になっていまよりもっと監視社会が進んで、舞台をやったら捕まってしまう世の中が来るかもしれない。それでも生にこだわる演劇人たちは、秘密クラブをつくって、本当のアングラとなって地下に潜って活動するのかしら？　なんて笑いながら話したりするのですが、あながちあり得なくもないのかもしれません。

でも残念なことに私にはもう体力がありません。なけなしなんです。若い頃に比べると体力は本当にないのですが、仕事はしたい。もちろんテレビや映画も好きだから、これからはどんどん出ていこうと思います。昔はあまり思ってなかったけど、私は演技をすることが案外好きなのかもしれないですね。

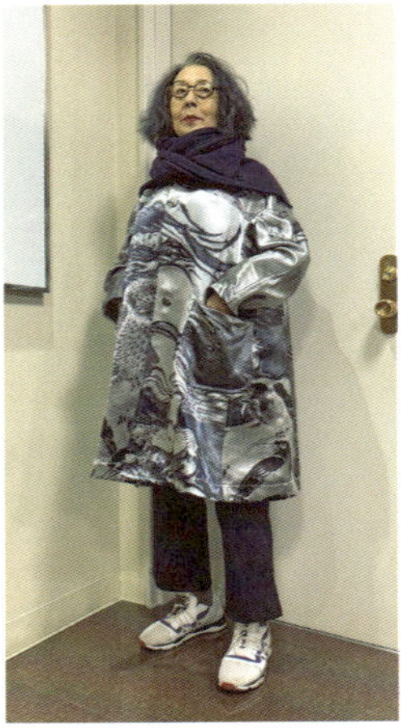

Private Snap

銀さんのプライベートスナップ

オンもオフも、いつでもどこでも
自分らしいファッションを楽しんで。

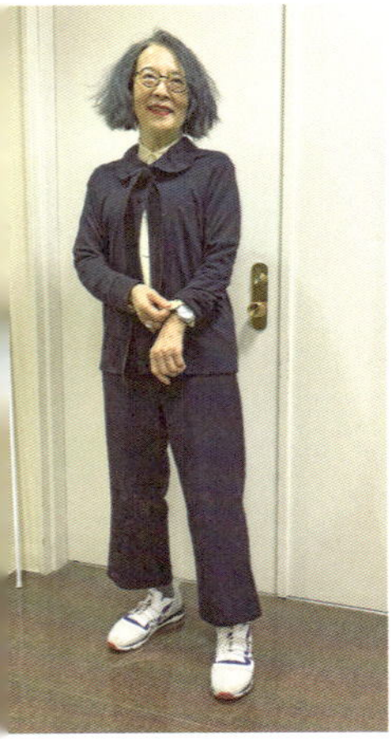

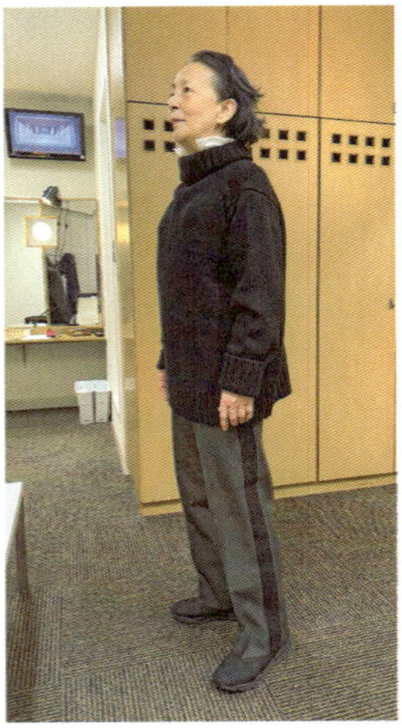

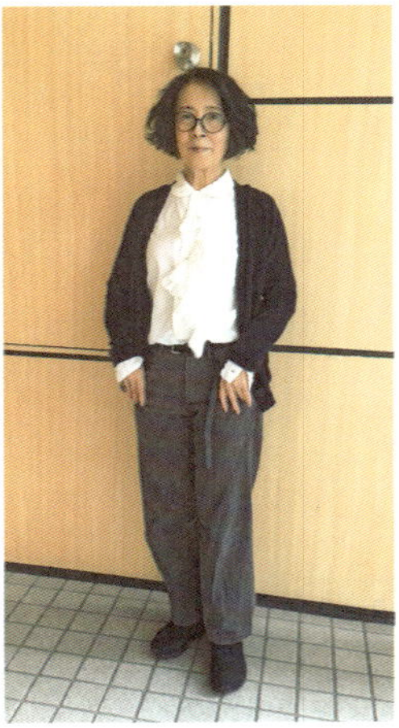

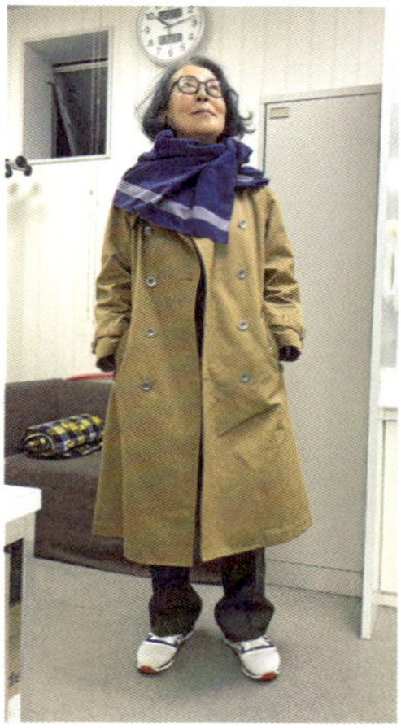

出口
1F

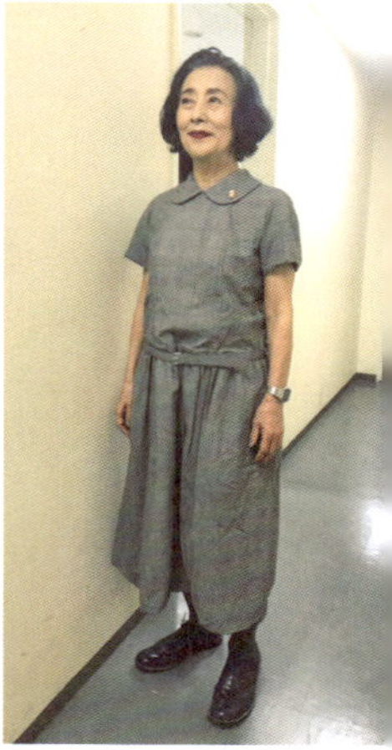
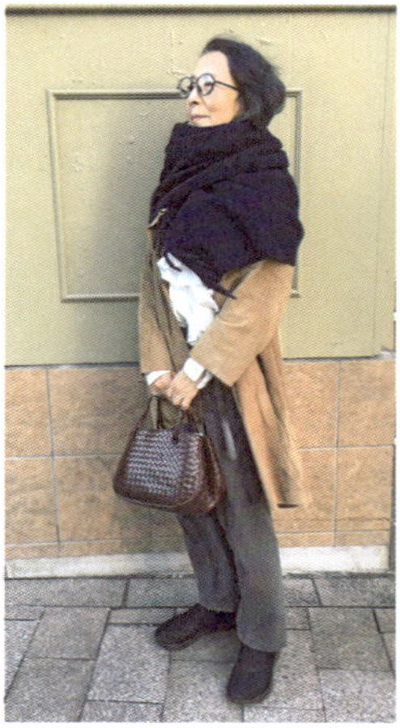

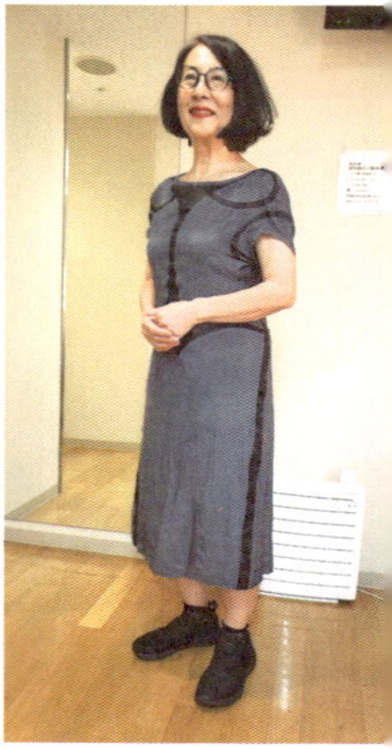

1章

春

春はスプリングコートを羽織って。

景色が春めいてきたら、軽いアウターの出番です。1年を通してコーディネートにあまり変化はありませんが、この時期は重衣料から解放され、スプリングコートが着たくなります。いまの人はスプリングコートなんて言わないのかしら？　軽い羽織りものを素敵に着こなせたら、格好いいと思います。

元来コートフェチな私。普段は黒や紺を着ることが多いけど、明るいもの、特に水色が愛おしくなるのもこの季節ならでは。お気に入りは、「ギャレゴ デスポート」のスプリングコートです。紺を1枚購入したところ、とても私好みだったので、続けて色違いの水色を買いました！　スプリングコートは着用期間がとても短いのが残念ですが、涼しくなった秋も愛用しています。でも最近は季節の移ろいが目まぐるしく、春も秋もあっという間に終わってしまうため、着られる期間がさらに短くなっているように感じます。それでも、私の「スプリングコート愛」はこの先も続くのでしょうね。

春の偏愛アイテム

春の主役はスプリングコート。明るい色のコートによく合わせる鉄板アイテムです。

とにかくシャツが大好き。

「コム デ ギャルソン コム デ ギャルソン」のフリルブラウス

ドレスがあまり得意ではない分、シャツやブラウスに目がありません。何十年も時を経ているような古着のスクールシャツを筆頭に、他の人なら捨ててしまうようなものまで残しているので、何十枚か持っていると思います。本当にケチケチしているんですよ（笑）。このブラウスは5年ほど前に購入した比較的新しいものです。ちょっとAラインで、長すぎない丈感と、なんといってもフリルがかわいいのがお気に入りのポイントです。1年中着ています。

足をさり気なくカバーするシルエット。

「コム デ ギャルソン」の
ウールフレアパンツ

ちょっとフレアがかった短めの丈のパンツがお気に入りです。でも最近はあまり見かけません。フレアパンツって流行らないのかしら? 血行が悪く、足が浮腫みやすくなりました。パンツは少し太めでフレアシルエットのものが、足の太さをさり気なくカバーしてくれるような気がします。ウールのパンツなので、夏は暑くてはけないけれど、秋から春まで3シーズン活躍してくれます。

特別なシーンで使用頻度の高い一足。

「コム デ ギャルソン」の
サイドゴアシューズ

これもなかなか古く、20年近く前に購入したものです。普段はあまり履きませんが、記者会見や制作発表などオフィシャルなシーンで活躍する、ちょっとスペシャルなシューズです。スカートにもパンツにも合わせやすいフレキシブルなデザインなうえ、幅広、扁平足という私の弱点をカバーしてくれる形というのも絶賛ポイント。足入れ感は絶妙で、また同じような靴が出ないかしらと思っています。

昔馴染みのお気に入り。

「アディダス」の
スタンスミス

「コンバース」のオールスター、「リーボック」のフューリーライトに並んで、好きなデザインのスニーカーが「アディダス」のスタンスミスです。特に面テープを使用したタイプがお気に入りで、昔は1年中履いたものです。最近、新調したのですがレザーの質感やディテールが変更されたのかしら、私の知っているものとは少し様子が異なるようで……。とはいえデザインは好きなので、これからも履きたいと思っています。

ワンピースが大好き。

たっぷりしたシルエットのワンピースは黒と白を色違いで持っています。テーラードジャケットを合わせたり、セーターを合わせたり、上に羽織るもので表情が変わるのも楽しいです。

jacket_COMME des GARÇONS
dress_COMME des GARÇONS
bag_ZUCCa
shoes_COMME des GARÇONS

フリルブラウスに スカートを合わせて。

お気に入りのフリルブラウスですが、スカートを合わせることはあまりありません。たまにはいいかしら？　と思ったけど、やっぱり足がむくんでいるわね。

shirt_COMME des GARÇONS COMME des GARÇONS
skirt_COMME des GARÇONS COMME des GARÇONS
bag_BAGSINPROGRESS
shoes_Dr.Martens

coat_robe de chambre COMME des GARÇONS
skirt_robe de chambre COMME des GARÇONS
scarf_national standard
bag_A.P.C.
shoes_Dr.Martens

ブローチとセットで楽しむコート。

虫食いがあって修理をしてもらった、「ローブ ド シャンブル」の薄手コートです。これには必ずブローチを合わせるのが定番です。足元にさり気なくチェックのソックスを合わせてみました。

冬のコートを春シフトさせて。

桜が咲いてもまだ肌寒い日がチラホラ。無理せずコートを羽織ります。その代わりインナーはシャツを合わせて軽やかに。デニムをロールアップして軽快に。

*coat*_COMME des GARÇONS COMME des GARÇONS
*shirt*_WORK SHOP
*pants*_COMME des GARÇONS JUNYA WATANABE denim
*shoes*_COMME des GARÇONS

娘の「お上がり」の
トレーナーをワントーンで。

これは昔、娘が古着屋で買ってきたトレーナーで、いまは私が着ています。スカートは大昔の「コム デ ギャルソン」。サイドのラインを生かしてスポーティーな装いに。

sweatshirt_USED
skirt_COMME des GARÇONS
bag_A.P.C.
shoes_tricot COMME des GARÇONS

dress_COMME des GARÇONS
bag_COMME des GARÇONS
shoes_COMME des GARÇONS

赤い丸襟がお気に入りのワンピース

比較的新しいワンピースで、はじめて袖を通した時の写真です。赤い丸襟のワンピースと、白いワンピースがセットになっています。

スプリングコートの装い。

お気に入りのスプリングコートをメインにした装いです。チノパンとボーダーカットソーを合わせた組み合わせに、「ズッカ」のバッグを持ちました。

coat_GALLEGO DESPORTE
t-shirt_HELLY HANSEN
pants_tricot COMME des GARÇONS
bag_ZUCCa
shoes_adidas

春のオールブラック。

春は明るい色が着たくなりますが、年間を通してオールブラック、オールネイビーの着こなしは好きです。艶のあるもの、マットなもの、生地感の異なる黒を重ねて、表情を楽しみます。

coat_tricot COMME des GARÇONS
shirt_tricot COMME des GARÇONS
*pants_*COMME des GARÇONS
*bag_*BAGSINPROGRESS

デニムジャケットでマニッシュに。

デニムのカバーオールはボタンを上まで留めて、コンパクトなシルエットで。胸元にはお気に入りのブローチを、足元にはスタンスミスを添えて自分らしく。

jacket_ JUNYA WATANABE COMME des GARÇONS
pants_ JUNYA WATANABE COMME des GARÇONS
t-shirts_Hanes
bag_ZUCCa
shoes_adidas

セットアップ感覚で着る黒。

ジャケットとパンツは同じブランドのものですが、スーツではありません。Tシャツとスニーカーでラフにまとめました。襟元にインバル・ピントさん（イスラエルの演出・振付家）からプレゼントされた手作りブローチをつけて。

Column

1 肌のお手入れはシンプルに。

女優はみんな特別なお手入れをしていると思っていませんか？ 私は年相応でいいと思っています。だって肌がピンと張ったおばあさん役なんておかしいでしょう？ だからもう、本当に皺くちゃ（笑）。でも美容にまるで興味がないわけではありません。あれもこれもやってみたいけど、何かをすると続けないといけません。面倒くさいし、向いていないんじゃないかしら、と思っています。

お手入れで特別なことはしていませんが、強いてあげるなら化粧をしたまま寝たことはありません。クレンジングクリームで汚れを落としたら、化粧水、オイル、クリームをつけるだけ。朝も夜も石鹸で顔を洗いません。30年くらい前、フランスに住んでいる友人に「フランス人は顔を洗わない。クレンジングクリームだけで大丈夫」と聞いてからはじめた方法なのですが、皮膚が薄く、擦れに弱い私の肌には合っている気がします。夜はクレンジングクリームで汚れを落とし、朝は洗顔の代わりに化粧水で肌を拭きます。「ローズ ド マラケシュ」のオイルを混ぜた化粧水をパパッと肌に浴びせたあと、もう一度化粧水を馴染ませます。夜はクリームを伸ばして、朝は「ナチュラルハウス」の日焼け止めを塗って終わり！ クレンジングクリームと化粧水はずっと「無印良品」がお気に入りで使っていましたが、そのシリーズが廃番になってしまったので、現在はあれこれ試しているところです。

ROSE DE MARRAKECH
ARGAN
OIL
ROSE
100% PURE OIL

Column

2 とっておきのクリーム。

ものぐさなので入念な肌のお手入れが苦手です。それこそ顔にワセリンだけを塗っていた時代もあるくらい(笑)。しかし最近はクリームにちょっとこだわりを持つようになりました。きっかけは舞台の本番を間近に控えたお稽古の時。汗をかいてまぶたの縁がざりざりになってしまいました。これはえらいことだと、当時使っていたフランス製のクリームを寝る前にたっぷり塗って、数日間様子をみたのですが改善しません。その時、ふと昔使ったことのある「ドゥ・ラ・メール」のクリームを思い出し、お稽古の帰りに渋谷ヒカリエのカウンターへ駆け込みました。とはいえ高級化粧品です。お値段も張るのでいちばん小さい15mlのジャーを買って試しに使ってみました。そうしたら3日くらいできれいに治ったのです。稽古中、汗だって変わらずかいているのに悪化しません。「クレーム ドゥ・ラ・メール」恐るべし！　私の化粧品のなかでいちばん豪華な一品です。他もあれこれ欲しくなってしまうので、大きいサイズを買ってお買い物へ行く回数を減らしています。でも夜しか使わないから全然減らないの。

2章

夏

夏はとにかくイージーに。

窮屈なものを着て、からだにストレスをかけたくないという思いが1年を通してあります。ことさら近頃の夏は酷暑続きですから、からだをピタッと覆うものはあまり着たくありません。暑い時はだらりとしたいもの。より一層らくちんなものを好んで着ています。年齢的に腕やデコルテの露出は控えて、肌は隠したほうがいいのかもしれませんが、好きなVネックのTシャツもノースリーブのワンピースも、まわりの目を気にすることなく着ています。着たいものを着るのがいちばんです。

素材には少し気を配ります。コットンやリネンなど風通しがよく、さらっとした肌触りのものが好みです。化繊も着ますが肌が弱くアレルギー持ちなので、直接肌に触れないよう、キャミソールやペチコートを1枚重ねて着るようにしています。体調次第では痒くなったり、ブツブツが出たりしますが、なんとなくつきあうことができているようです。

夏の装いで気を使うのは洗濯です。肌に触れたものはすぐ洗うようにしています。コットンやリネンはもちろん、シルクも化繊も自宅で洗います。洗い晒しの自然なシワが好きなので、アイロンはあまりかけません。クリーニングはたまに出すくらい。安上がりでしょう?

夏の偏愛アイテム

暑い季節はより一層、心地いいスタイルを好みます。そんな装いをつくる6アイテムです。

思いっきりデコルテも腕も出して。

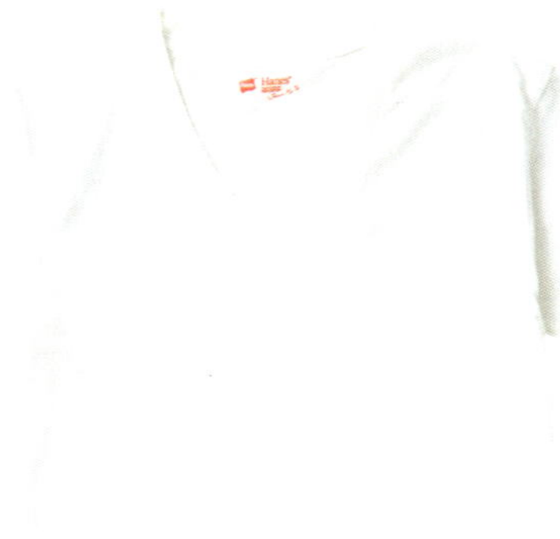

「ヘインズ」の VネックTシャツ

「ヘインズ」のVネックTシャツを何十年も愛用しています。以前はクルーネック派でしたが、知人からいただいたのをきっかけにVネックを着るようになりました。デコルテは出さずに隠した方がいいのかもしれませんが、そんな思いはこのTシャツの着心地にかないません。愛用しているのは日本人の体型に合わせた規格の「ジャパンフィット」Sサイズ。夏はそのまま1枚で、秋は「ユニクロ」のヒートテックを下に、カーディガンを上に重ねて愛用しています。

ちょっといいジーパンを定番に。

「ジュンヤ ワタナベ コム デ ギャルソン デニム」の ジーパン

8年ほど前にセールで購入したジーパンです。持っているジーパンのなかでは比較的新しい部類になります（本当に古いものが多いんですよ）。このジーパンは、私が好きな「リーバイス 501」のような雰囲気があって、なによりもゆったりしているのでウエストが苦しくありません。ベルトでキュッと絞って、1年中よくはいています。デニム生地というと、重いし暑いしで夏は敬遠されがちですが、足回りもほどよくゆとりがあるので気になりません。靴に合わせて裾の折り返し幅を変え、バランスを楽しんでいます。

大きな帽子で日差し対策。

「ヘレンカミンスキー」のラフィアハット

ひと昔前は日焼けなんて気にしなかったのに、最近では夏の外出に帽子や日傘が手放せません。このラフィアハットは娘がまだ学生の頃、保護者会のため学校へ行く途中に、あまりにも日差しが強かったのでデパートへ飛び込んで入手したものです。ツバが広く、折りたたんでバッグに入れても型くずれしないため、とても重宝しています。オーストラリアのブランドと知らず、「ちょっとお高いわ……」と思いながらその時は購入しましたが、10年以上経ったいまでも現役選手！ かごバッグと合わせて愛用しています。

夏の偏愛アイテム

お気に入りのフレンチブランドのパンツ。

「ギャレゴ デスポート」のドローコードパンツ

気に入ったものを色違い、形違いで購入することもよくあります。このレーヨンパンツを手にしたきっかけは同素材のスカートです。フランスのブランドのもので、さらさらとした肌触りとはき心地の虜《とりこ》となり、5年ほど前にこちらのパンツも購入。はき口はゴムと紐のらくちん仕様ですが、お直しでウエストを少し広げてもらい、さらにゆるゆるにしてもらったのでとってもらくちん！ 軽量なので旅行にも重宝します。くるくるっとまるめてバッグにポンッ。シワを気にすることなくはくことができます。

トラブル持ちの足に優しいマーチン。

「ドクターマーチン」の VOSSサンダル

扁平足《へんぺいそく》、巻き爪、外反母趾《がいはんぼし》……、足のトラブルをいくつか抱えています。履き慣れた靴でさえ、歩行中に痛みを感じることも。ですから夏のサンダルにせよ、スニーカーにせよ、靴は履き心地が最重要課題となります。ここ数年、夏は「ドクターマーチン」の厚底サンダルが活躍中。足に三重苦を持つ私も、「ドクターマーチン」なら快適に歩くことができるのです。素足でそのまま履いたり、ソックスを合わせたり、見た目よりも軽く、しっかり足を支えてくれます。このサンダルの他に、サイドゴアブーツも持っています。

夏の偏愛アイテム

夏のバッグといえば、かごバッグ。

「無印良品」のかごバッグ

仕事の時は台本や文庫本などを持ち歩くので、季節を問わず大きなバッグを持つことが多いと思います。かごバッグは軽くてたくさん入って便利なのですが、服と擦れると生地が毛羽立つので注意が必要です。これは一昨年の夏、下北沢の「無印良品」で見つけました。口が大きくて出し入れしやすいのですが、中身が丸見えになってしまうので、使う時は大きなスカーフを1枚上に被せて使っています。エアコンが効いた室内でそのスカーフは肩にくるり、防寒布として活躍します。

ワンピースをさらりと。

薄手で風を通すワンピースは夏の定番です。Tシャツとは違うらくちんさが魅力だと思います。ふくらはぎが隠れる長い丈のものを1枚で着たり、パンツを重ねたりしています。

らくちんスカートスタイル。

フランスブランド、「ギャレゴ デスポート」を好きになったきっかけのスカート。はき口はゴムで、肌の上をするんとすべるような生地感。とてもらくちんなはき心地です。

shirt_tricot COMME *des* GARÇONS
*skirt_*GALLEGO DESPORTES
*bag_*A.P.C.
*shoes_* JUNYA WATANABE COMME *des* GARÇONS

大人のTシャツ＋デニム。

Tシャツ、ジーパン、かごバッグ、夏の定番を組み合わせたお気に入りのスタイルです。かごバッグは擦れると生地が傷みますが、デニムなら気になりません。

暑い季節の黒の嗜み。

上も下も黒でまとめたオールブラックの着こなし、夏バージョンです。夏は重たくならないよう、手首足首を出して、かごバッグやネックレスのさし色を効かせて、軽快な装いに。

tops_ZUCCa
pants_Unknown
bag_MUJI
shoes_Unknown

t-shirt_Hanes
skirt_COMME des GARÇONS

鮮やかなスカートを主役に。

「コム デ ギャルソン」の、スカーフでできたスカートを主役にTシャツを添えて。インパクトのあるアイテムをまとうと気分も華やぎます。購入したのは20年ほど前、とても古いものです。

ブルー×ベージュ、
安心の色合わせ。
サックスブルーのシャツが好きでいくつか持っていますが、チノパンのベージュと相性がよく、この色バランスでよく組み合わせています。バッグのグリーンをさし色に。
shirt_Unknown
pants_COMME des GARÇONS
bag_BAGSINPROGRESS
shoes_Reebok

shirt_tricot COMME des GARÇONS
skirt_COMME des GARÇONS
bag_A.P.C.
shoes_Reebok

夏のシャツスタイル。

夏でもシャツのボタンはいちばん上までしっかり留めます。開けて着ることはあまりありません。なぜかこの方が落ち着くのです。裾は出して着ることが多いと思います。

心地いいイージースタイル。

身幅の広いカットソーと「ギャレゴ デスポート」のイージーパンツで、らくちんを追求したスタイルです。服とからだの間にゆとりがあるので、締め付けがなく心地よく風が通ります。

t-shirt_BASISBROEK
pants_GALLEGO DESPORTES
shoes_Reebok
bag_MUJI

お出かけデニムスタイル。

ちょっとお出かけする時は、シャツと革靴を添えてデニムをカジュアルアップ。白T(P58)と同じジーンズですが、トップスと靴を変えるだけで異なる印象にまとまります。

shirt_COMME des GARÇONS COMME des GARÇONS
pants_JUNYA WATANABE COMME des GARÇONS denim
hat_&SLOE (FELISSIMO)
bag_BAGSINPROGRESS
shoes_Unknown

取れない染みの応急処置。

お気に入りのパンツにワインをかけられ、染みになってしまいました。馴染みのクリーニング店に相談しましたがきれいに落ちず……。染みを隠すためにワッペンをつけました。

t-shirt_COMME des GARÇONS
pants_CHIPIE
shoes_Reebok

Column 3

メイクデビューは1年前？

普段、お化粧はしません。もちろん結婚式などに行く時はフルメイクをしますが、ちょっと前まではスッピンでどこへでも出かけていました。でも数年ほど前、ヘアメイクさんに「せめて日焼け止めは塗りましょう」と言われてから、「ナチュラルハウス」のサンカットミルクだけは塗るようになりました。

昨年、メイクさんにとても素敵な口紅を教えていただきました。「資生堂」のヴィジョナリー ジェルリップスティックのスリーピング ドラゴンです。ちょっと黄色みがかったレンガのような色で、はじめて塗った時にそのつけ心地のよさと、発色の美しさに感激しちゃって。これに出合ってから口紅をきちんと塗ろうと思うようになりました。いままでは口紅は一度買ったら同じものが20年くらいは手元からなくならなかったのに、これはよく塗るからでしょうか？ 減りがとても早い！ 毎日塗っていたら3ヶ月も持たないんじゃないかしら。塗れば顔が華やいで見えるので、いまは稽古場にもつけていくようになりました。口紅を塗るようになってから、眉も描くようになったんです。眉を整えないとひどいって思うようになって。最近はマスカラもつけようかしら？ なんて思っています。遅まきながらメイクデビューです。

SHISEIDO
SHISEIDO

Column

4 自宅でクリーニング。

コットン、リネン、化繊、シルク……、大抵のものは自分で洗濯をします。そこで活躍するのが「ウエキ」の洗濯洗剤ドライニングです。以前は大手企業のおしゃれ着洗いを使っていましたが、知人に勧められてからこちらを使うように。なにより汚れの落ちが違います。そして洗濯時間が圧倒的に少なくてすみます。これには大助かり！ 押し洗いはせず、全体が浸かるように何分かつけおくだけで汚れが本当によく落ちます。白い洋服ってどんなにこまめに洗っていても、襟や袖口などの汚れが目立ってしまいますが、この洗剤を直接つけておけばとてもきれいに。軽くすすいだあと、洗濯機の手洗いコースの脱水機能を使って、軽く水気を飛ばします（自己流ですけどね）。

しかしそのあとは雑駁《ざっぱく》な性格が顔を出し、適当に干しています。肩にハンガーの跡がピョコッと残ることもありますが、着ていれば元に戻るので気にしません。トレーナーなど厚手素材の型崩れはちょっとやそっとじゃ直らないので、裾を上にしてぶら下げて干しています。洗濯ばさみで留めるので、裾に跡がつきますが、肩がピョコピョコッとなるよりはいい、というのが持論です。

3章

秋

ゆったり、でもきちんと。

うだるような暑さも和らぎ、秋の訪れを感じたら羽織りものの出番です。お気に入りのアウターを1枚足すだけで気分も一新します。だらりとした夏の格好で1年中過ごせたらいいのですが、目まぐるしく変わる日本の気候には逆らえません。

秋もらくちんスタイルは継続中。しかしだらしなく見えてはいけません。そこで、インナーとなるシャツやワンピースは肩幅の合ったものを選ぶようにしています。中途半端に大きいものは格好悪いし、極端にタイトで窮屈なものも居心地が悪く感じます。シャツのボタンはいちばん上まで留めて、肩回りをカチッと整えることで、装いにきちんと感が加わります。その代わりジャケットやコートなどのアウターは大きいサイズのものを。最近は身幅の広いものや、肩の落ちたものなど、ゆったりとしたデザインのものが増えました。大きいサイズのアウターを好む私にとって、とても嬉しい傾向です。では秋の装いはどこがゆるっとしているのか？　それはウエストです。ウエストの苦しい服はどうも我慢ができません。持っているパンツやスカートはゆったりしたものがほとんどです。秋冬のスカートスタイルに欠かせないタイツもはき口のゴムにハサミで切れ込みを入れて使っています。

秋の偏愛アイテム

肌寒さを感じたらお気に入りのアウターを引っ張り出して、重ね着を楽しみます。

いちばん新しい私の定番。

「トリコ コム デ ギャルソン」のトレンチコート

最近はひと頃に比べて洋服を購入する機会も減りました。このトレンチは昨年のセールで見つけたもので、ワードローブのなかでいちばん新しいアウターです。見つけた瞬間、“かわいい”と心臓が高鳴りました。どうやって着ようか考えるのも楽しいひと時。フロントを開けてラフに着たり、閉じてベルトをキュッと締めたり、ボタンを全部留めてベルトなしで着ても素敵。前と後ろで異なる2色の生地を使用しているところや、ライナーにギンガムチェックを用いているところもツボ。寒い季節が待ち遠しくなる1着です。

秋と春に活躍する私的定番アウター。

「ギャレゴ デスポート」の
ハイカラーコート

5〜6年前に「ビショップ」というお店で購入した、フランスの「ギャレゴ デスポート」というブランドのアウターです。他にも同じブランドのパンツやスカートも愛用しています。襟は大きく、身幅は広く、ドロップショルダーでメンズっぽい雰囲気。長すぎない着丈のおかげで、私が着てももたつかず、格好よく着こなせます。素材は軽めのコットンギャバジンで、秋と春の2シーズン愛用しています。写真のネイビーを購入したところとてもよかったので、明るいブルーも追加で入手しました。

着こなしにリズムをつけるシマシマ。

「ヘリーハンセン」のボーダーTシャツ

自他共に認めるシャツ好きですが、カットソーも好きです。ボーダーTシャツといえば、フレンチブランドのものが定番ですが、私にはいまいちサイズ感が合わなくて……。「ヘリーハンセン」で見つけたユニセックスのボーダーTシャツは、ゆったりとしたシルエットでほどよく厚地。はじめは硬さを感じる着用感でしたが、着込んでいくうちに肌に馴染んでいく様子も愛おしい。店員の女の子がMサイズを素敵に着こなしていたので、私も同じサイズにしました。

年をとってからスニーカーを選択肢に。

秋の偏愛アイテム

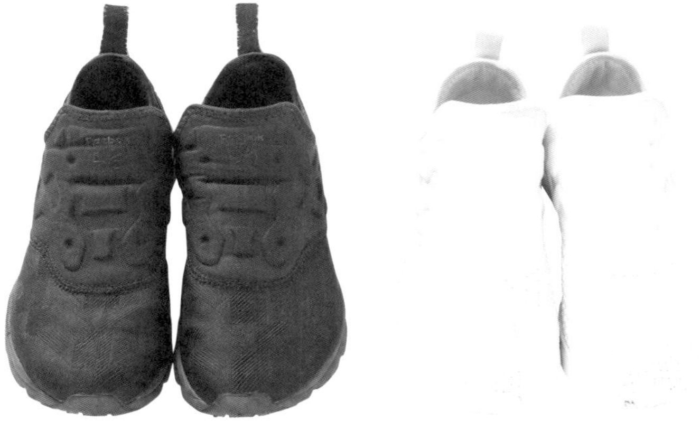

「リーボック」の
フューリーライト

お出かけには革靴が定番でしたが、足を痛めてからは「リーボック」のスニーカーを愛用しています。お気に入りは写真のスリップオンタイプの「フューリーライト」。履き心地は良好で、どこまでも歩いていけそうなくらいです。すっかり虜となり、その後、量販店や公式オンラインストアなどで何足か続けて購入しました。歩きやすいのはもちろん、適度なボリュームで洋服とバランスが取りやすいのもいいところ。最近はスニーカーといえば「リーボック」一択です。

思い出がつまった小さきもの。

ブローチいろいろ

秋になるとジャケットやアウターにブローチをつけたくなります。椿（右上）の七宝焼きのブローチは高校生の時に叔母からのプレゼントです。カメオ（左上）は夫がイタリアに行った時、"なんでもいいから買ってきて！"とお願いをしたらこれを買ってきてくれました。ビーズのブローチ（中央下）は手芸店で見つけた手作りキットの自作。なんと3日間徹夜でつくりました。1ヶ所間違えているのですが大満足。ちょっと歪んでいるでしょう？ ちょっと変なのよ（笑）。

メガネはその日の気分で掛け替えて。

「JINS」の
メガネ

コンタクトレンズに挑戦したこともあるのですが、どうも性格的に合わないようです。1日つけていると忘れてしまって、お風呂で顔を洗い、流してしまうこと数十回。だから現在は断然メガネ派です。10本ほど、いろんな形のものを持っていますが、専ら使用するのは写真の鼈甲《べっこう》風のものと、黒縁のふたつ。その日の気分で選ぶことが多いと思います。昔は「白山眼鏡店」が好きでした。最近はお手軽にパパッとつくれる「JINS」がお気に入りです。

jacket_tricot COMME *des* GARÇONS
*tops_*HELLY HANSEN
pants_Levi's
*bag_*KATE SPADE NEW YORK
shoes_tricot COMME *des* GARÇONS

オーソドックスなジャケットスタイル。

ジャケットは、いつ買ったか忘れてしまうくらい古いものです。アウターにブローチの類をつけるのがお気に入り。この日のブローチは「くまのプーさん」の缶バッジです。

秋いちばんの ワンピーススタイル。

ワンピースも大好きです。羽織っているのは、「ユニクロ」で見つけたカシミヤのカーディガン。いい赤だなあと思って購入しました。バッグとシューズは黒レザーでそろえてキリッと。

dress_COMME des GARÇONS COMME des GARÇONS
cardigan_UNIQLO
bag_A.P.C.
shoes_HIMIKO

こっくり秋色を楽しむスタイル。

夏に引き続き秋口も「ギャレゴ デスポート」のスカートが大活躍です。深いグリーンにバーガンディのブラウスを合わせて秋色で整えました。ヒョウ柄ソックスで足元にアクセントを。

shirt_COMME des GARÇONS
cardigan_UNIQLO
skirt_GALLEGO DESPORTES
bag_A.P.C.
shoes_COMME des GARÇONS

定番スタイルにアウターを加えて。

ラフなパンツに「コム デ ギャルソン」のシャツ、1年を通して私の定番スタイルです。そこへお気に入りのアウターを加えるだけで秋スタイルの出来上がり。その日の気分でブローチをつけたり。

coat_GALLEGO DESPORTES
shirt_ COMME des GARÇONS HOMME
pants_ZUCCa TRAVIL
bag_ZUCCa
shoes_Reebok

遊び心がのぞくモノトーン。

4年ほど前「ZARA」で見つけたスカジャンは、娘と共用していたもの。前と後ろに刺繍がたっぷり。インパクトのあるデザインを着ると元気になりますね。

ゆるり大人のジャケットスタイル。

ジャケットとパンツでつくるマニッシュなスタイルも好きな着こなしのひとつ。細いシルエットならキリッと、ゆったりとしたシルエットならリラックスした雰囲気が楽しめます。

トレンチコートとジーパン！

トレンチコートは昔、「バーバリー」のものを持っていたのですがあまり着ませんでした。昨年買ったこのトレンチは、早くも私の定番です。ジーンズを合わせただけで雰囲気が出ます。

coat_tricot COMME des GARÇONS
*sweater_*COMME des GARÇONS
pants_Levi's
*bag_*KATE SPADE NEW YORK
shoes_tricot COMME des GARÇONS

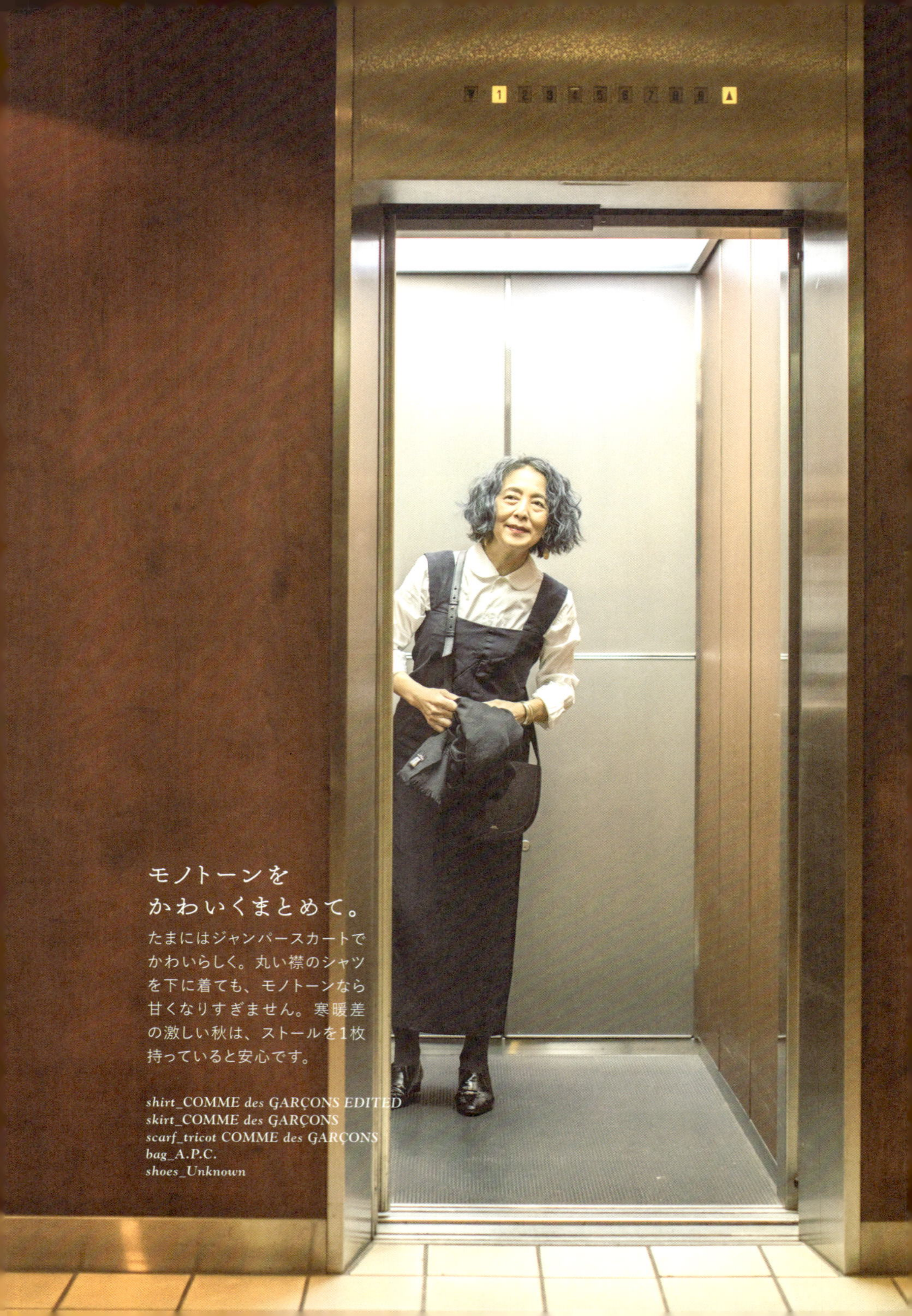

モノトーンを
かわいくまとめて。

たまにはジャンパースカートでかわいらしく。丸い襟のシャツを下に着ても、モノトーンなら甘くなりすぎません。寒暖差の激しい秋は、ストールを1枚持っていると安心です。

*shirt_*COMME des GARÇONS EDITED
*skirt_*COMME des GARÇONS
scarf_tricot COMME des GARÇONS
*bag_*A.P.C.
shoes_Unknown

メンズアイテムを
さり気なく。

カーディガンは20年以上前に購入したもので、「ノースマリンドライブ」というブランドのもの。メンズのブランドでしたが、タイトスカートと合わせてもバランスがいいと思います。

cardigan_NORTH MARINE DRIVE
sweater_COMME des GARÇONS
skirt_COMME des GARÇONS COMME des GARÇONS
scarf_tricot COMME des GARÇONS
bag_ZUCCa
shoes_Dr.Martens

Column

5 とにかくよく歩くこと。

若い頃はどちらかというと痩せ型でしたが、娘を産んでからどんどん体重は増えて、ふっくらとした体型に。いまは年齢のせいもあって少しは痩せて見えるようになったかも。健康を意識して……というわけではありませんが、昔からとにかく歩きます。北参道から渋谷（約2.3km）、外苑前から渋谷（約1.9km）はお決まりのコースで、電車に乗らずによく歩いていました。しかし数年前、膝を痛めてしまい、20分も歩くと痛くなるんです。だけど歩かないより歩いた方がいいと思って無理のない範囲で歩くようにはしています。

昔はジムに通ってエクササイズをしていたことも。だけどお稽古や地方公演が重なると通うことができなくて、会費だけを何年も払い続けていました。最近は公共プールに週2回くらいのペースで通っています。痛くなった足をなんとかしたいという思いで、当初は1時間ほど頑張っていましたが、いまは30分くらいでしょうか。肩の力を抜いて、プールのウォーキングを楽しんでいます。通いはじめの頃は、ワンピースの水着を着てウォーキングをしていました。でも周囲を見ると、若い方も年配の方もみんな上下セパレートになったエクササイズ用の水着を着ているのです。それに気づいた途端、ワンピースの水着が途端に恥ずかしくなって、慌てて新宿西口のハルクまで、同じものを買いに行きました。いまはそれを着てプールで歩いています。

Column 5

4章

冬

冬はコートが主役です。

服をあまり手放さない性分なので、クローゼットのなかには昔のモノもいっぱい。古いものから新しいものまでコートがひしめき合っています。持っているものは普段使いのものがほとんどですが、1着だけ一張羅《いっちょうら》があります。それは数年前、芝居のお稽古に煮詰まって水天宮から銀座まで考え事をしながら歩いている時。ふと立ち寄った「バーニーズ ニューヨーク」で黒いロングコートに魅了され、衝動買いをしてしまいました。でもそのおかげでとってもいい気分に。いいコートを持っている、素敵なコートが家にある、というだけで嬉しいのです。きっとコートフェチなんでしょうね、私。

冬はコートを主役にコーディネートを考えます。普段ならトップスはこれ、ボトムはこれ、下着はこれ、という具合に考えますが、冬は「どのコートを着て出かけよう？」とだけ考えます。コートを着て格好がついていればそれでＯＫ。家と稽古場の往復ですから、その下は何を着ていたっていいのです。しかしからだを冷やしてはいけないので、「ユニクロ」のカシミヤセーターやヒートテックなどで防寒対策は抜かりなく。厚手のセーターを着ることはあまりありません。暖かさと軽さを重視した装いが多いように思います。

冬の偏愛アイテム

お気に入りのコートをメインとした装いを楽しみます。コートのなかはカンタンに！

長年愛用しているダブルのコート。

「ローブ ド シャンブル コム デ ギャルソン」のコート

冬は素敵なコートが1着あれば、カンタンに着こなしが決まります。しっかりした生地のものが好みなので、それなりにお手入れをしていれば長持ちします。だからクローゼットのなかには新旧コートがギュウギュウに。写真のコートも古いもの。かれこれ20年ほど前でしょうか？ カッチリしたメンズライクなシルエットに惹かれて購入しました。当時、流行っていたデザインというわけでもないので、年月を経たいま着ても、古くささは感じません。

厚手のセーターはあまり着ないけど……。

「GU」の
タートルネックセーター

冬の装いはコートがメイン。コートの前を閉じてしまえば、なかは何を着てもいいと思っている節があります。コートを着てしまえば暖かいので、重ね着をしたり、厚手のセーターを着たりすることは滅多にありません。しかし昨年「GU」でメンズのタートルネックセーターに惚れ込み、購入しました。かなりボリューミーでいまっぽいデザイン。とてもお安かったので娘にも色違いの赤をプレゼントしました。とても暖かいので、重宝しています。

はきこんで愛着もたっぷり。

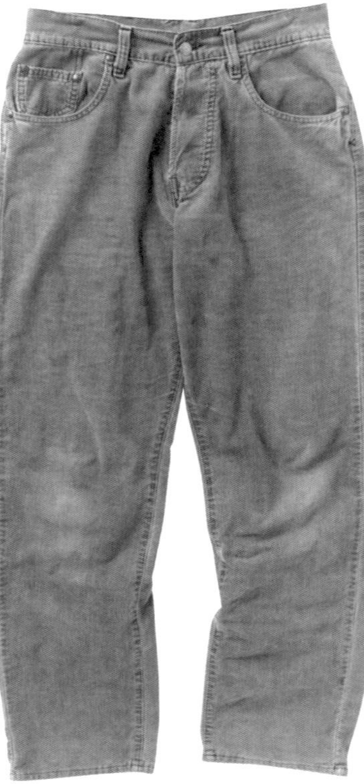

「CHIPIE」の
コーデュロイパンツ

昔、渋谷パルコにお店があったフランスの「CHIPIE」というカジュアルブランドで手に入れたものです。娘が生まれる前に購入したのでかれこれ30年以上前でしょうか？ 当時はカラフルなスリムジーンズが流行していましたが、メンズのコーデュロイパンツに一目惚れ。深い紺色でしたが、すっかり色落ちして、いまでは味のあるグレーに。人が見たらボロと思うかもしれませんが、私はかわいいと思っているので問題ありません。いまでもとてもよくはくヘビーローテーションの1本です。

コートスタイルを味付けする暖かいスパイス。

冬の偏愛アイテム

ストールやマフラー

赤いマフラーは娘が保育園の時にしていたもの（笑）。子ども服の「ティンカーベル」の姉妹ブランド、「オートルート」のものです。娘がもういらないというので、譲り受けました。お下がりならぬ、お上がりです。キッズ向けでも首にキュッと巻くとかわいいので、捨てずにいまでも使っています。中央のものは20年くらい前かしら？「コム デ ギャルソン」で購入したもので、おもしろい形が気に入っています。左は3年くらい前に「ズッカ」で買った比較的新しい物です。どれもコートスタイルに欠かせないアイテムです。

渡仏記念で購入したレザーバッグ。

「A.P.C.」の
のハーフムーンバッグ

2年前、野田秀樹さん作・演出の公演でパリを訪れた時、記念に何か買って帰ろうと思い、「A.P.C.」の本店で購入しました。いわゆるフランスのラグジュアリーブランドのバッグも素敵なのですが、これならかわいいし、いくつになっても使えるかしら? と一目惚れして決めました。形も色もシンプルで、季節を問わず使えるためとても重宝しています。かなり使用頻度の高いバッグです。

四半世紀前に購入した男前なブーツ。

「ジュンヤ ワタナベ コム デ ギャルソン」のブーツ

最近はスニーカーを履くことが多くなりましたが、昔から革靴が大好きでメンズライクなものを好んで履いていました。このブーツはアンティーク加工されたレザーの風合いが素敵！ と思って購入に至ったのですが、大きいサイズしか残っていなくて……。でも外反母趾で扁平足の私の足には意外と合うのです。あえてスカートに合わせて足元のバランスを崩すのがお気に入りです。

家ではもっとらくちんに。

30年はき込んでいるコーデュロイパンツは、外へ出かける時も、家でのリラックスタイムにも大活躍。ジャージパンツはウエストのゴムが窮屈なので、家で着ることはありません。

sweater_GU
pants_CHIPIE

ダッフルを主役にしたシンプルスタイル。

「ビショップ」ではじめて買ったのがこのダッフルコートです。10年ほど前でしょうか？ トグルのロープが切れてしまっているのですが、ほどよいコンパクト感がお気に入りです。

zucca

レオパードにレオパードを合わせて。

これ以上かわいい組み合わせはないんじゃないかしら？
襟元に巻いているのは「H&M」のシフォン風のストール
ですが、レオパードのファーにしてもかわいいと思います。

coat_COMME des GARÇONS COMME de GARÇONS
pants_Levi's
scarf_H&M
bag_ZUCCa
shoes_JUNYA WATANABE COMME des GARÇONS

jacket_JUNYA WATANABE COMME des GARÇONS
sweater_UNIQLO
pants_JOURNAL STANDARD

コートを着ない日のジャケットスタイル。

お気に入りのジャケットの下に着ているのは、「ユニクロ」のカシミヤニットシリーズのタートルネックセーターです。ジャケットの胸元にはお気に入りのブローチたちをつけて。

美しいコートは
1枚で様になります。

買ったはいいけどほとんど着ていない（98ページ参照）、「バーニーズ ニューヨーク」のコートです。やっぱり形がきれい。バッグはいただき物のアンティークです。

coat_BARNEYS NEW YORK
scarf_tricot COMME des GARÇONS
bag_Antique
shoes_COMME des GARÇONS

オールブラックの装い。

持っている洋服は、黒と紺のものが多いのですが、全身まっくろのスタイルも好んでよくやります。ポイントに赤いマフラー（103ページ参照）をキュッと巻いて。

coat_JUNYA WATANABE COMME des GARÇONS
pants_JUNYA WATANABE COMME des GARÇONS
scarf_Auto Route
shoes_Dr.Martens

coat_ JUNYA WATANABE COMME des GARÇONS
skirt_robe de chambre COMME des GARÇONS
scarf_Unkown
bag_Antique
shoes_Dr.Martens

女性らしさ薫るレオパード。

大好きなレオパード。こちらはイエローベースで異なる表情が楽しめます。ジーパンを合わせてメンズライクに着こなすのも素敵ですが、スカートをはくと、また違う雰囲気の装いに。

1枚のコートを異なる表情で着回して。

寒い季節の装いは、コートの表情勝負なところがありますが、合わせるボトム、靴、バッグによって同じコートでも見え方が変わってきます。コート1枚で、3パターンの着こなしに挑戦です。

coat_robe de chambre COMME *des* GARÇONS

キャメルのストールで上品カジュアル。

新宿髙島屋の冬のセールで購入した、カシミヤストールです。紺にキャメルという組み合わせがすごく好きです。

coat_robe de chambre COMME des GARÇONS
scarf_TAKASHIMAYA
bag_COMME des GARÇONS
shoes_Reebok

パンツ＋シャツでマニッシュに。

シャツ、カーディガン、パンツでつくるマニッシュスタイルに、パープルのストールを効かせて。寒色系でまとめたスタイルです。

coat_robe de chambre COMME des GARÇONS
scarf_tricot COMME des GARÇONS
bag_ZUUCa
shoes_tricot COMME des GARÇONS

遊び心がのぞくフェミニンスタイル。

ネイビーやブラックでまとめたダークトーンの装いが好きです。バッグは娘のお上がり、「X-girl」のもの。

coat_robe de chambre COMME des GARÇONS
skirt_robe de chambre COMME des GARÇONS
scarf_ZUCCa
bag_X-girl
shoes_COMME des GARÇONS

Column

6

趣味はサッカー。

映画や本も好きだけど、サッカーを観ることも私の趣味のひとつ。それも、イングランドのプレミアリーグに属している「アーセナルFC」というチームが大好きで、長年応援しています。

サッカーを好きになったきっかけは、2002年の日韓ワールドカップ。姪と観に行ったのですが、生で観たらものすごい迫力でした。それからいろんなサッカーを観るようになり、行き着いたのがアーセナル（笑）。今では、あの選手がアーセナルにいたら、トレーニング方法をこうしたら、ああしたらなんて、監督にでもなったつもりであれこれ言いながら観るのが楽しみに。

サッカーって、単純だけど奥が深くて含蓄のあるスポーツ。限られた90分という時間の中で、フォワードやミッドフィルダーが、それぞれの役割をこなして、それがうまく機能すればするほど強くておもしろい。舞台も、主役、脇役、いろんな役割のみんなが十全に活躍すれば、それはとんでもなく素晴らしい舞台になるんです。全体像を各々が考えてやり遂げるというところが共通した魅力なのかもしれません。それに、練習に練習を重ねた人たちが全力以上に全力で、自分たちの力を発揮しようと動く姿はとても美しい。観ているだけでワクワクするんです。情熱を傾けて楽しめる趣味があるって幸せだなあと思います。

娘と私

このページは銀粉蝶さんと娘のNさんに、お芝居のこと、お洋服のことを伺いました。

Nさん（以下N）「母の舞台は昔からよく観ていましたが、それは母が出演しているから仕方なく……、という感じもありました（笑）。でも高校生の頃、『大人計画』の芝居に衝撃を受け、母がやっている仕事をはじめてすごいなと思うように。それからは芝居を能動的に観るようになりました」

——舞台の感想は伝えますか？

N「そうですね。母の演技がよくないと思ったことはありませんが、向いている役、そうでない役はあると感じています。作品自体が合っていない時は伝えるようにしています。でもそういう時は母も大抵同じことを思っているようで」

銀粉蝶さん（以下銀）「結構ちゃんと観ているな、と思う時があります。厳しい意見をもらう時も、『お母さんはあれでいいよ、正解だよ』と、セーフティネットを張ってくれるので、よし、頑張ろうと思います」

——一緒にお芝居や映画を観に行ったりするんですか？

N「私はそれが普通だと思っていたんですけど、まわりの友だちはそんなことないみたいで……」

銀「映画はすごく行くわよね。月イチは行っているかもね」

N「緊急事態宣言中は、それぞれの家で同じ映画を同じタイミングで再生して、電話で『あーだこーだ』突っ込みを入れながら一緒に観る、というのをやりました」

銀「これが結構おもしろい。言いたい放題言いながら観るので、普段注目しないところに注目したりして。映画館ではできないわよね」

――お芝居と同じようにお洋服の好みも似ているのですか？

N「子どもの時、フリルやレースなどいわゆるガーリーな服に憧れていましたが、母はそういうものは好きではなく、友だちが着ているフリフリの服を羨ましく思ったものです。でもキッズブランドの『ベティーズブルー』は母もかわいいと思ったようで、アロハシャツとお揃いのスカートを小学5年生の頃に買ってもらいました。スカートはさすがにもう着られませんが、シャツはいまだに現役です。同じ頃に買ってもらった『無印良品』のデニムジャケットも現役です」

――どちらも20年以上前のものですよね。

銀「うちはなんでも長く着るのよね（笑）。あまり服を買わないし。」

N「長いですね。自ら服を買おうと思ったことは、少し前までほとんどなくて、ずっと母の古い服を借りて着ていました」

銀「本当にそうよね。同世代の人たちに比べたら、あなたは洋服をあまり持っていない方かもしれないわね」

N「ファッションも好きだけど、映画を観たり本を買ったり、ファッションではない部分にお金をかけたいという気持ちがあって。いまは母と服を共有できるというありがたみを感じています」

――お母様の着こなしを参考にされるのですか？

N「私はスキニーパンツが好きですが、母は好きじゃない。ゆったりとした服が好き。私がゆったりとした服を着ていると『変じゃないかな？』と感じることがあるんです。母が着ているとそれっぽく見えるものも、自分にスライドできないと感じることは往々にしてあります。母に借りて着ているもののなかでも、自分で着こなせているもの、そうでないものが最近はなんとなく分かるようになりました。でもいまは似合っていなくても、もしかしたら10年後には着こなせるかもしれないと思うようになったんです」

――見事に銀さんのDNAを継いでいらっしゃる。お母様が服を捨てない姿勢をずっと見ていたからでしょうか？

N「それはあるかもしれません。実際、私が小学生の時着ていた服を母が着ることもあります（P34参照）。きちんと保管していれば、服は10年でも20年でも着られます。それが分かっているから、10年後の服のことを考えるのは、我が家では自然なことなのかもしれません」

個室 C
BOOP

個室 B
Room B

30

いとをかし

古谷さん　日野さん
成田さん　長谷川さん
中村さん　伊藤くん　岡田さん
カコ　エッコ　セッコ
そして夫と娘へ
ありがとう

銀粉蝶

Staff

イラスト　銀粉蝶
撮影　古谷昭洋
ヘアメイク　成田祥子【春・秋・冬】
　長谷川弘美（ESPER）【夏】
マネジメント　伊藤康敬（N・F・B）
デザイン　後藤奈穂
校正　谷田和夫
構成・文　日野晴未
編集　中村陽子（双葉社）

協力／SHISEIDOお客さま窓口 ☎0120-587-289
ローズドマラケシュ（ジェイ・シー・ビー・ジャパン）☎03-5786-2171
※掲載アイテムはすべて本人私物です。お問い合わせはご遠慮ください。

カンタン服《ふく》でいくわ　～銀《ぎん》さんの春夏秋冬《しゅんかしゅうとう》～

2020年11月7日　第1刷発行

著者　銀粉蝶《ぎんぷんちょう》
発行者　島野浩二
発行所　株式会社 双葉社
〒162-8540
東京都新宿区東五軒町3番28号
☎03-5261-4818（営業）　☎03-5261-4869（編集）
http://www.futabasha.co.jp/
（双葉社の書籍・コミック・ムックが買えます）
印刷所　大日本印刷株式会社

ISBN978-4-575-31583-7　C0076